화엄경 제32권(십회향품 제25-10) 해설

화엄경 제32권에는 십회향품이 계속된다.

"보살이 때 끼고 얽힌 마음에서 벗어나 법사위에 머물러서 널리 법보시를 하여야 한다" 고 말하였다(p.1).

말하자면 "항상 중생을 요익되게 하되 휴식이 없어야 하고, 보리심과 평등심으로 회향하되 끝없는 법계에 차별하는 마음이 없어야 한다" 하였다(pp.2~84)

十迴向品 第二十五之十
십회향품 제이십오지십

佛子云何爲菩薩摩訶薩
불자운하위보살마하살

等法界無量迴向佛子此菩
등법계무량회향불자차보

薩摩訶薩以離垢繒繫其
살마하살이리구증계기

頂住法師位廣行法施起大
정주법사위광행법시기대

慈悲安立衆生於菩提心
자비안립중생어보리심

常行饒益無有休息以菩
상행요익무유휴식이보

사경의 공덕은 십만억 부처님께 공양한 것과 같은 공덕이 있습니다.

提(리)心(심)長(장)養(양)善(선)根(근)爲(위)諸(제)衆(중)生(생)作(작)

調(조)御(어)師(사)示(시)諸(제)衆(중)生(생)一(일)切(체)智(지)道(도)

爲(위)諸(제)衆(중)生(생)作(작)法(법)藏(장)日(일)善(선)根(근)光(광)

明(명)普(보)照(조)一(일)切(체)

於(어)諸(제)衆(중)生(생)其(기)心(심)平(평)等(등)修(수)諸(제)

善(선)行(행)無(무)有(유)休(휴)息(식)心(심)淨(정)無(무)染(염)智(지)

慧(혜)自(자)在(재)不(불)捨(사)一(일)切(체)善(선)根(근)道(도)業(업)

사경의 공덕은 십만억 부처님께 공양한 것과 같은 공덕이 있습니다.

作諸衆生大智商主普令得
入安隱正道爲諸衆生而作
導首令修一切善根法行爲
諸衆生作不可壞堅固善友
令其善根增長成就
佛子此菩薩摩訶薩以法
施爲首發生一切淸淨白法

사경의 공덕은 십만억 부처님께 공양한 것과 같은 공덕이 있습니다.

攝受趣向一切智心殊勝願
섭수취향일체지심수승원

力究竟堅固成就增益具大
력구경견고성취증익구대

威德依善知識心無諂誑思
위덕의선지식심무첨광사

惟觀察一切智門無邊境界
유관찰일체지문무변경계

以此善根如是迴向願得
이차선근여시회향원득

修習成就增長廣大無礙一
수습성취증장광대무애일

切境界願得於佛正敎之中
체경계원득어불정교지중

乃至聽聞一句一偈受持演
내지청문일구일게수지연

說願得憶念與法界等無量
설원득억념여법계등무량

無邊一切世界去來現在
무변일체세계거래현재

切諸佛旣憶念已修菩薩行
체제불기억념이수보살행

又願以此念佛善根爲一
우원이차념불선근위일

衆生於一世界盡未來劫修
중생어일세계진미래겁수

菩薩行如於一世界盡法界
보살행여어일세계진법계

虛空界一切世界皆亦如是
허공계일체세계개역여시

如爲一衆生爲一切衆生
여위일중생위일체중생

亦復如是以善方便一一皆
역부여시이선방편일일개

爲盡未來劫大誓莊嚴終無
위진미래겁대서장엄종무

離佛善知識想常見諸佛現
리불선지식상상견제불현

在其前無有一佛出興於世
재기전무유일불출흥어세

不得親近
부득친근

一切諸佛及諸菩薩所讚
일체제불급제보살소찬

所說清淨梵行誓願修行悉
소설청정범행서원수행실

令圓滿所謂不破梵行不缺
령원만소위불파범행불결

梵行不雜梵行無玷梵行無
범행부잡범행무점범행무

失梵行無能蔽梵行佛所讚
실범행무능폐범행불소찬

梵行無所依梵行無所得梵
범행무소의범행무소득범

行增益菩薩清淨梵行三世
행증익보살청정범행삼세

諸佛所行梵行無礙梵行無 (제불소행범행무애범행무)

著梵行無諍梵行無滅梵行 (착범행무쟁범행무멸범행)

安住梵行無比梵行無動梵 (안주범행무비범행무동범)

行無亂梵行無恚梵行 (행무란범행무에범행)

佛子菩薩摩訶薩若能爲 (불자보살마하살약능위)

已修行如是清淨梵行則能 (이수행여시청정범행즉능)

普爲一切衆生令一切衆生 (보위일체중생령일체중생)

皆(개)得(득)安(안)住(주)令(령)一(일)切(체)衆(중)生(생)皆(개)得(득)

開(개)曉(효)

令(영)一(일)切(체)衆(중)生(생)皆(개)得(득)成(성)就(취)令(령)

一(일)切(체)衆(중)生(생)皆(개)得(득)清(청)淨(정)令(령)一(일)切(체)

衆(중)生(생)皆(개)得(득)無(무)垢(구)令(령)一(일)切(체)衆(중)生(생)

皆(개)得(득)照(조)明(명)令(령)一(일)切(체)衆(중)生(생)離(리)諸(제)

塵(진)染(염)令(령)一(일)切(체)衆(중)生(생)無(무)諸(제)障(장)翳(예)

사경의 공덕은 십만억 부처님께 공양한 것과 같은 공덕이 있습니다.

令(영) 一(일) 切(체) 衆(중) 生(생) 離(리) 諸(제) 熱(열) 惱(뇌) 令(령)
一(일) 切(체) 衆(중) 生(생) 離(리) 諸(제) 纏(전) 縛(박) 令(령) 一(일) 切(체)
衆(중) 生(생) 永(영) 離(리) 諸(제) 惡(악) 令(령) 一(일) 切(체) 衆(중) 生(생)
無(무) 諸(제) 惱(뇌) 害(해) 畢(필) 竟(경) 清(청) 淨(정)
何(하) 以(이) 故(고) 菩(보) 薩(살) 摩(마) 訶(하) 薩(살) 自(자) 於(어)
梵(범) 行(행) 不(불) 能(능) 清(청) 淨(정) 不(불) 能(능) 令(령) 他(타) 而(이)
得(득) 清(청) 淨(정) 自(자) 於(어) 梵(범) 行(행) 而(이) 有(유) 退(퇴) 轉(전)

不能令他無有退轉自於梵
불능령타무유퇴전자어범

行而有失壞不能令他無有
행이유실괴불능령타무유

失壞自於梵行而有遠離不
실괴자어범행이유원리불

能令他常不遠離自於梵行
능령타상불원리자어범행

而有懈怠不能令他不生懈
이유해태불능령타불생해

怠自於梵行不生信解不能
태자어범행불생신해불능

令他心生信解自於梵行而
령타심생신해자어범행이

不安住不能令他而得安住
불안주불능령타이득안주

自於梵行而不證入不能令
자어범행이부증입불능령

他心得證入自於梵行而有
타심득증입자어범행이유

放捨不能令他恒不放捨自
방사불능령타항불방사자

於梵行而有散動不能令他
어범행이유산동불능령타

心不散動
심불산동

何以故菩薩摩訶薩住無
하이고보살마하살주무

倒行說無倒法所言誠實如 (도행설무도법소언성실여)

說修行淨身口意離諸雜染 (설수행정신구의리제잡염)

住無礙行滅一切障 (주무애행멸일체장)

菩薩摩訶薩自得淨心爲 (보살마하살자득정심위)

他演說淸淨心法自修和忍 (타연설청정심법자수화인)

以諸善根調伏其心令他和 (이제선근조복기심령타화)

忍以諸善根調伏其心自離 (인이제선근조복기심자리)

疑悔亦令他人永離疑悔自
의회역령타인영리의회자

得淨信亦令他得不壞淨信
득정신역령타득불괴정신

自住正法亦令衆生安住正
자주정법역령중생안주정

法
법

佛子菩薩摩訶薩復以法
불자보살마하살부이법

施所生善根如是迴向所謂
시소생선근여시회향소위

願我獲得一切諸佛無盡法
원아획득일체제불무진법

門(문)普(보)爲(위)衆(중)生(생)分(분)別(별)解(해)說(설)皆(개)令(령)

歡(환)喜(희)心(심)得(득)滿(만)足(족)摧(최)滅(멸)一(일)切(체)外(외)

道(도)異(이)論(론)

願(원)我(아)能(능)爲(위)一(일)切(체)衆(중)生(생)演(연)說(설)

三(삼)世(세)諸(제)佛(불)法(법)海(해)於(어)一(일)一(일)法(법)生(생)

起(기)一(일)一(일)法(법)義(의)理(리)一(일)一(일)法(법)名(명)言(언)

一(일)一(일)法(법)安(안)立(립)一(일)一(일)法(법)解(해)說(설)一(일)

사경의 공덕은 십만억 부처님께 공양한 것과 같은 공덕이 있습니다.

一(일)法(법)顯(현)示(시)一(일)一(일)法(법)門(문)戶(호)一(일)一(일)

法(법)悟(오)入(입)一(일)一(일)法(법)觀(관)察(찰)一(일)一(일)法(법)

分(분)位(위)悉(실)得(득)無(무)邊(변)無(무)盡(진)法(법)藏(장)獲(획)

無(무)所(소)畏(외)具(구)四(사)辯(변)才(재)廣(광)爲(위)衆(중)生(생)

分(분)別(별)解(해)說(설)窮(궁)未(미)來(래)際(제)而(이)無(무)有(유)

盡(진)

爲(위)欲(욕)令(령)一(일)切(체)衆(중)生(생)立(입)勝(승)志(지)

願(원) 出(출) 生(생) 無(무) 礙(애) 無(무) 謬(류) 失(실) 辯(변) 爲(위) 欲(욕)
令(령) 一(일) 切(체) 衆(중) 生(생) 皆(개) 生(생) 歡(환) 喜(희) 爲(위) 欲(욕)
令(령) 一(일) 切(체) 衆(중) 生(생) 成(성) 就(취) 一(일) 切(체) 淨(정) 法(법)
光(광) 明(명) 隨(수) 其(기) 類(류) 音(음) 演(연) 說(설) 無(무) 斷(단)
爲(위) 欲(욕) 令(령) 一(일) 切(체) 衆(중) 生(생) 深(심) 信(신) 歡(환)
喜(희) 住(주) 一(일) 切(체) 智(지) 辯(변) 了(료) 諸(제) 法(법) 俾(비) 無(무)
迷(미) 惑(혹) 作(작) 是(시) 念(념) 言(언) 我(아) 當(당) 普(보) 於(어) 一(일)

切世界爲諸衆生精勤修習
체세계위제중생정근수습

得徧法界無量自在身得徧
득변법계무량자재신득변

法界無量廣大心
법계무량광대심

具等法界無量清淨音聲
구등법계무량청정음성

現等法界無量衆會道場修
현등법계무량중회도량수

等法界無量菩薩業得等法
등법계무량보살업득등법

界無量菩薩住證等法界無
계무량보살주증등법계무

사경의 공덕은 십만억 부처님께 공양한 것과 같은 공덕이 있습니다.

量菩薩平等學等法界無量
량보살평등학등법계무량

菩薩法
보살법

住等法界無量菩薩行入
주등법계무량보살행입

等法界無量菩薩迴向是爲
등법계무량보살회향시위

菩薩摩訶薩以諸善根而爲
보살마하살이제선근이위

迴向爲令衆生悉得成就一
회향위령중생실득성취일

切智故
체지고

佛子菩薩摩訶薩復以善
根如是迴向所謂爲欲見等
法界無量諸佛調伏等法界
無量衆生住持等法界無量
佛刹證等法界無量菩薩智
獲等法界無量無所畏成等
法界無量諸菩薩陀羅尼得

等(등)法(법)界(계)無(무)量(량)諸(제)菩(보)薩(살)不(불)思(사)議(의)

住(주)具(구)等(등)法(법)界(계)無(무)量(량)功(공)德(덕)滿(만)等(등)

法(법)界(계)無(무)量(량)利(리)益(익)衆(중)生(생)善(선)根(근)

又(우)願(원)以(이)此(차)善(선)根(근)故(고)令(령)我(아)得(득)

福(복)德(덕)平(평)等(등)智(지)慧(혜)平(평)等(등)力(역)平(평)等(등)

無(무)畏(외)平(평)等(등)淸(청)淨(정)平(평)等(등)自(자)在(재)平(평)

等(등)正(정)覺(각)平(평)等(등)說(설)法(법)平(평)等(등)義(의)平(평)

等決定平等一切神通平等
如是等法皆悉圓滿如我所
得願一切衆生亦如是得如
我無異

佛子菩薩摩訶薩復以善
根如是迴向所謂如法界無
量善根迴向亦復如是所得

智慧終無有量
지혜종무유량

如法界無邊善根迴向亦
여법계무변선근회향역

復如是見一切佛無有其邊
부여시견일체불무유기변

如法界無限善根迴向亦復
여법계무한선근회향역부

如是詣諸佛刹無有齊限
여시예제불찰무유제한

如法界無際善根迴向亦
여법계무제선근회향역

復如是於一切世界修菩薩
부여시어일체세계수보살

行(행)無(무)有(유)涯(애)際(제)如(여)法(법)界(계)無(무)斷(단)善(선)
根(근)迴(회)向(향)亦(역)復(부)如(여)是(시)住(주)一(일)切(체)智(지)
永(영)不(부)斷(단)絶(절)
如(여)法(법)界(계)一(일)性(성)善(선)根(근)迴(회)向(향)亦(역)
復(부)如(여)是(시)與(여)一(일)切(체)衆(중)生(생)同(동)一(일)智(지)
性(성)如(여)法(법)界(계)自(자)性(성)清(청)淨(정)善(선)根(근)迴(회)
向(향)亦(역)復(부)如(여)是(시)令(령)一(일)切(체)衆(중)生(생)究(구)

竟淸淨

如法界隨順善根迴向亦

復如是令一切衆生悉皆隨

順普賢行願如法界莊嚴善

根迴向亦復如是令一切衆

生以普賢行而爲莊嚴如法

界不可失壞善根迴向亦復

如是令諸菩薩永不失壞諸
여시령제보살영불실괴제

清淨行
청정행

佛子菩薩摩訶薩復以此
불자보살마하살부이차

善根如是迴向所謂願以此
선근여시회향소위원이차

善根承事一切諸佛菩薩皆
선근승사일체제불보살개

令歡喜願以此善根速得趣
령환희원이차선근속득취

入一切智性
입일체지성

願以此善根徧一切處修
원이차선근편일체처수

一切智願以此善根令一切
일체지원이차선근령일체

衆生常得往覲一切諸佛願
중생상득왕근일체제불원

以此善根令一切衆生常見
이차선근령일체중생상견

諸佛能作佛事
제불능작불사

願以此善根令一切衆生
원이차선근령일체중생

恒得見佛不於佛事生怠慢
항득견불불어불사생태만

心(심)願(원)以(이)此(차)善(선)根(근)令(영)一(일)切(체)衆(중)生(생)

常(상)得(득)見(견)佛(불)心(심)喜(희)淸(청)淨(정)無(무)有(유)退(퇴)

轉(전)

願(원)以(이)此(차)善(선)根(근)令(령)一(일)切(체)衆(중)生(생)

常(상)得(득)見(견)佛(불)心(심)善(선)解(해)了(료)願(원)以(이)此(차)

善(선)根(근)令(령)一(일)切(체)衆(중)生(생)常(상)得(득)見(견)佛(불)

不(불)生(생)執(집)著(착)願(원)以(이)此(차)善(선)根(근)令(령)一(일)

切衆生常得見佛了達無礙
체중생상득견불료달무애

願以此善根令一切衆生
원이차선근령일체중생

常得見佛成普賢行願以此
상득견불성보현행원이차

善根令一切衆生常見諸佛
선근령일체중생상견제불

現在其前無時暫捨
현재기전무시잠사

願以此善根令一切衆生
원이차선근령일체중생

常見諸佛出生菩薩無量諸
상견제불출생보살무량제

力願以此善根令一切衆生 (력원이차선근령일체중생)

常見諸佛於一切法永不忘 (상견제불어일체법영불망)

失 (실)

佛子菩薩摩訶薩又以諸 (불자보살마하살우이제)

善根如是迴向所謂如法界 (선근여시회향소위여법계)

無起性迴向如法界根本性 (무기성회향여법계근본성)

迴向如法界自體性迴向如 (회향여법계자체성회향여)

法界無依性迴向
법계무의성회향

如法界無忘失性迴向如
여법계무망실성회향여

法界空無性迴向如法界寂
법계공무성회향여법계적

靜性迴向如法界無處所性
정성회향여법계무처소성

迴向如法無遷動性迴向
회향여법무천동성회향

如法界無差別性迴向
여법계무차별성회향

佛子菩薩摩訶薩復以法
불자보살마하살부이법

施所有宣示所有開悟及因
此起一切善根如是迴向所
謂願一切衆生成菩薩法師
常爲諸佛之所護念願一切
衆生作無上法師方便安立
一切衆生於一切智
願一切衆生作無屈法師

願 원	在 재		藏 장	無 무	衆 중	一 일
一 일	法 법	願 원	法 법	礙 애	生 생	切 체
切 체	師 사	一 일	師 사	光 광	作 작	問 문
衆 중	善 선	切 체	能 능	明 명	無 무	難 난
生 생	能 능	衆 중	善 선	願 원	礙 애	莫 막
作 작	分 분	生 생	巧 교	一 일	法 법	能 능
如 여	別 별	成 성	說 설	切 체	師 사	窮 궁
眼 안	如 여	諸 제	一 일	衆 중	得 득	盡 진
法 법	來 래	如 여	切 체	生 생	一 일	願 원
師 사	智 지	來 래	佛 불	作 작	切 체	一 일
說 설	慧 혜	自 자	法 법	智 지	法 법	切 체

如實法不由他教願一切衆
生作憶持一切佛法法師如
理演說不違句義
願一切衆生作修行無相
道法師以諸妙相而自莊嚴
放無量光善入諸法願一切
衆生作大身法師其身普徧

一切國土興大法雲雨諸佛

法

願一切衆生作護法藏法

師建無勝幢護諸佛法令正

法海無所缺減願一切衆生

作一切法日法師得佛辯才

巧說諸法

사경의 공덕은 십만억 부처님께 공양한 것과 같은 공덕이 있습니다.

願一切衆生作妙音方便
法師善說無邊法界之藏願
一切衆生作到法彼岸法師
以智神通開正法藏願一切
衆生作安住正法法師演說
如來究竟智慧願一切衆生
作了達諸法法師能說無量

無盡功德
무진공덕

願一切衆生作不誑世間
원일체중생작불광세간

法師能以方便令入實際願
법사능이방편령입실제원

一切衆生作破諸魔衆法師
일체중생작파제마중법사

善能覺知一切魔業願一切
선능각지일체마업원일체

衆生作諸佛所攝受法師離
중생작제불소섭수법사리

我我所攝受之心願一切衆
아아소섭수지심원일체중

사경의 공덕은 십만억 부처님께 공양한 것과 같은 공덕이 있습니다.

生作安隱一切世間法師成
생작안은일체세간법사성

就菩薩說法願力
취보살설법원력

佛子菩薩摩訶薩復以諸
불자보살마하살부이제

善根如是迴向所謂不以取
선근여시회향소위불이취

著業故迴向不以取著報故
착업고회향불이취착보고

迴向不以取著心故迴向不
회향불이취착심고회향불

以取著法故迴向不以取著
이취착법고회향불이취착

事故迴向不以取著因故迴
사고회향불이취착인고회

向不以取著語言音聲故迴
향불이취착어언음성고회

向不以取著名句文身故迴
향불이취착명구문신고회

向不以取著迴向故迴向不
향불이취착회향고회향불

以取著利益衆生故迴向
이취착리익중생고회향

佛子菩薩摩訶薩復以善
불자보살마하살부이선

根如是迴向所謂不爲耽著
근여시회향소위불위탐착

色境界故迴向不爲耽著聲
香味觸法境界故迴向
不爲求生天故迴向不爲
求欲樂故迴向不爲著欲境
界故迴向不爲求眷屬故迴
向不爲求自在故迴向不爲
求生死樂故迴向不爲著生

사경의 공덕은 십만억 부처님께 공양한 것과 같은 공덕이 있습니다.

死故迴向不爲樂諸有故迴 (사고회향불위락제유고회)

向不爲求和合樂故迴向不 (향불위구화합락고회향불)

爲求可樂著處故迴向不爲 (위구가락착처고회향불위)

懷毒害心故迴向不壞善根 (회독해심고회향불괴선근)

故迴向不依三界故迴向不 (고회향불의삼계고회향불)

著諸禪解脫三昧故迴向不 (착제선해탈삼매고회향불)

住聲聞辟支佛乘故迴向 (주성문벽지불승고회향)

但爲敎化調伏一切衆生
단위교화조복일체중생
故廻向但爲成滿一切智智
고회향단위성만일체지지
故廻向但爲得無礙智故廻
고회향단위득무애지고회
向但爲得無障礙淸淨善根
향단위득무장애청정선근
故廻向但爲令一切衆生超
고회향단위령일체중생초
出生死證大智慧故廻向
출생사증대지혜고회향
但爲令大菩提心如金剛
단위령대보리심여금강

不可壞故迴向但爲成就究
竟不死法故迴向但爲以無
量莊嚴莊嚴佛種性示現一
切智自在故迴向但爲求菩
薩一切法明大神通智故迴
向但爲於盡法界虛空界一
切佛刹行普賢行圓滿不退

被堅固大願鎧令一切衆生
住普賢地故迴向但爲盡未
來劫度脫衆生常無休息示
現一切智地無礙光明恒不
斷故迴向
佛子菩薩摩訶薩以彼善
根迴向時以如是心迴向所

사경의 공덕은 십만억 부처님께 공양한 것과 같은 공덕이 있습니다.

謂以本性平等心迴向以法
위이본성평등심회향이법

性平等心迴向以一切衆生
성평등심회향이일체중생

無量平等心迴向以無諍平
무량평등심회향이무쟁평

等心迴向
등심회향

以自性無所起平等心迴
이자성무소기평등심회

向以知諸法無亂心迴向以
향이지제법무란심회향이

入三世平等心迴向以出生
입삼세평등심회향이출생

三(삼)世(세)諸(제)佛(불)種(종)性(성)心(심)迴(회)向(향)以(이)得(득)

不(불)退(퇴)失(실)神(신)通(통)心(심)迴(회)向(향)以(이)生(생)成(성)

一(일)切(체)智(지)行(행)心(심)迴(회)向(향)

又(우)爲(위)令(령)一(일)切(체)衆(중)生(생)永(영)離(리)一(일)

切(체)地(지)獄(옥)故(고)迴(회)向(향)爲(위)令(령)一(일)切(체)衆(중)

生(생)不(불)入(입)畜(축)生(생)趣(취)故(고)迴(회)向(향)爲(위)令(령)

一(일)切(체)衆(중)生(생)不(불)往(왕)閻(염)羅(라)王(왕)處(처)故(고)

사경의 공덕은 십만억 부처님께 공양한 것과 같은 공덕이 있습니다.

廻(회) 向(향) 爲(위) 令(령) 一(일) 切(체) 衆(중) 生(생) 除(제) 滅(멸) 一(일)

切(체) 障(장) 道(도) 法(법) 故(고) 廻(회) 向(향)

爲(위) 令(령) 一(일) 切(체) 衆(중) 生(생) 滿(만) 足(족) 一(일) 切(체)

善(선) 根(근) 故(고) 廻(회) 向(향) 爲(위) 令(령) 一(일) 切(체) 衆(중) 生(생)

能(능) 應(응) 時(시) 轉(전) 法(법) 輪(륜) 令(령) 一(일) 切(체) 歡(환) 喜(희)

故(고) 廻(회) 向(향) 爲(위) 令(령) 一(일) 切(체) 衆(중) 生(생) 入(입) 十(십)

力(력) 輪(륜) 故(고) 廻(회) 向(향) 爲(위) 令(령) 一(일) 切(체) 衆(중) 生(생)

滿足菩薩無邊淸淨法願故
만족보살무변청정법원고

迴向爲令一切衆生隨順一
회향위령일체중생수순일

切善知識敎菩提心器得滿
체선지식교보리심기득만

足故迴向爲令一切衆生受
족고회향위령일체중생수

持修行甚深佛法得一切佛
지수행심심불법득일체불

智光明故迴向
지광명고회향

爲令一切衆生修諸菩薩
위령일체중생수제보살

無障礙行常現前故迴向爲
무장애행상현전고회향위

令一切衆生常見諸佛現其
령일체중생상견제불현기

前故迴向爲令一切衆生淸
전고회향위령일체중생청

淨法光明常現前故迴向爲
정법광명상현전고회향위

令一切衆生無畏大菩提心
령일체중생무외대보리심

常現前故迴向
상현전고회향

爲令一切衆生菩薩不思
위령일체중생보살불사

議智常現前故迴向爲令一
切衆生普救護衆生令淸淨
大悲心常現前故迴向
爲令一切衆生以不可說
不可說勝妙莊嚴具莊嚴一
切諸佛刹故迴向爲令一切
衆生摧滅一切衆魔鬪諍羅

사경의 공덕은 십만억 부처님께 공양한 것과 같은 공덕이 있습니다.

網業故迴向爲令一切衆生
망업고회향위령일체중생

於一切佛刹皆無所依修菩
어일체불찰개무소의수보

薩行故迴向爲令一切衆生
살행고회향위령일체중생

發一切種智心入一切佛法
발일체종지심입일체불법

廣大門故迴向
광대문고회향

佛子菩薩摩訶薩又以此
불자보살마하살우이차

善根正念淸淨迴向智慧決
선근정념청정회향지혜결

定(정)迴(회)向(향)盡(진)知(지)一(일)切(체)佛(불)法(법)方(방)便(편)
迴(회)向(향)爲(위)成(성)就(취)無(무)量(량)無(무)礙(애)智(지)故(고)
迴(회)向(향)爲(위)欲(욕)滿(만)足(족)淸(청)淨(정)殊(수)勝(승)心(심)
故(고)迴(회)向(향)爲(위)一(일)切(체)衆(중)生(생)住(주)大(대)慈(자)
故(고)迴(회)向(향)爲(위)一(일)切(체)衆(중)生(생)住(주)大(대)悲(비)
故(고)迴(회)向(향)爲(위)一(일)切(체)衆(중)生(생)住(주)大(대)喜(희)
故(고)迴(회)向(향)

爲一切衆生住大捨故迴
위일체중생주대사고회

向爲永離二著住勝善根故
향위영리이착주승선근고

迴向爲思惟觀察分別演說
회향위사유관찰분별연설

一切緣起法故迴向爲立大
일체연기법고회향위립대

勇猛幢心故迴向爲立無能
용맹당심고회향위립무능

勝幢藏故迴向
승당장고회향

爲破諸魔衆故迴向爲得
위파제마중고회향위득

一切法淸淨無礙心故迴向
일체법청정무애심고회향

爲修一切菩薩行不退轉故
위수일체보살행불퇴전고

迴向爲得樂求第一勝法心
회향위득락구제일승법심

故迴向爲得樂求諸功德法
고회향위득락구제공덕법

自在淸淨一切智智心故迴
자재청정일체지지심고회

向爲滿一切願除一切諍得
향위만일체원제일체쟁득

佛自在無礙淸淨法爲一切
불자재무애청정법위일체

衆生轉不退法輪故迴向爲
得如來最上殊勝法智慧日
百千光明之所莊嚴普照一
切法界衆生故迴向
爲欲調伏一切衆生隨其
所樂常令滿足不捨本願盡
未來際聽聞正法修習大行

轉 전	常 상		障 장	欲 욕	切 체	得 득
一 일	勤 근	爲 위	礙 애	網 망	憍 교	淨 정
一 일	修 수	一 일	法 법	破 파	慢 만	智 지
令 령	習 습	切 체	故 고	愚 우	消 소	慧 혜
得 득	一 일	衆 중	迴 회	癡 치	滅 멸	離 리
無 무	切 체	生 생	向 향	闇 암	一 일	垢 구
礙 애	智 지	於 어		具 구	切 체	光 광
妙 묘	行 행	阿 아		足 족	煩 번	明 명
慧 혜	無 무	僧 승		無 무	惱 뇌	斷 단
示 시	有 유	祇 기		垢 구	裂 렬	除 제
現 현	退 퇴	劫 겁		無 무	愛 애	一 일

諸佛自在神通無有休息故
迴向
佛子菩薩摩訶薩以諸善
根如是迴向時不應貪著三
有五欲境界何以故菩薩摩
訶薩應以無貪善根迴向應
以無瞋善根迴向應以無癡

사경의 공덕은 십만억 부처님께 공양한 것과 같은 공덕이 있습니다.

善根廻向應以不害善根廻
선근회향응이불해선근회

向應以離慢善根廻向應以
향응이리만선근회향응이

不諂善根廻向應以質直善
불첨선근회향응이질직선

根廻向應以精勤善根廻向
근회향응이정근선근회향

應以修習善根廻向
응이수습선근회향

佛子菩薩摩訶薩如是廻
불자보살마하살여시회

向時得淨信心於菩薩行歡
향시득정신심어보살행환

喜忍受修習清淨大菩薩道
희인수수습청정대보살도

具佛種性得佛智慧捨一切
구불종성득불지혜사일체

惡離衆魔業親近善友成已
악리중마업친근선우성이

大願請諸衆生設大施會
대원청제중생설대시회

佛子菩薩摩訶薩復以此
불자보살마하살부이차

法施所生善根如是迴向所
법시소생선근여시회향소

謂令一切衆生得淨妙音得
위령일체중생득정묘음득

사경의 공덕은 십만억 부처님께 공양한 것과 같은 공덕이 있습니다.

得攝取一切衆生語言音得 (득섭취일체중생어언음득)
一切衆生無邊音聲智 (일체중생무변음성지)
得一切清淨語言音聲智 (득일체청정어언음성지)
得無量語言音聲智得最自 (득무량어언음성지득최자)
在音入一切音聲智得一切 (재음입일체음성지득일체)
清淨莊嚴音得一切世間無 (청정장엄음득일체세간무)
厭足音得究竟不繫屬一切 (염족음득구경불계속일체)

世間音

得歡喜音得佛淸淨語言

音得說一切佛法遠離癡翳

名稱普聞音得令一切衆生

得一切法陀羅尼莊嚴音

得說一切無量種法音得

普至法界無量衆會道場音

得普攝持不可思議法金剛
득보섭지불가사의법금강

句音得開示一切法音得能
구음득개시일체법음득능

說不可說字句差別智藏音
설불가설자구차별지장음

得演說一切法無所著不
득연설일체법무소착부

斷音得一切法光明照耀音
단음득일체법광명조요음

得能令一切世間淸淨究竟
득능령일체세간청정구경

至於一切智音得普攝一切
지어일체지음득보섭일체

法(법)句(구)義(의)音(음)得(득)神(신)力(력)護(호)持(지)自(자)在(재)
無(무)礙(애)音(음)
得(득)到(도)一(일)切(체)世(세)間(간)彼(피)岸(안)智(지)音(음)
又(우)以(이)此(차)善(선)根(근)令(영)一(일)切(체)衆(중)生(생)得(득)
不(불)下(하)劣(렬)音(음)得(득)無(무)怖(포)畏(외)音(음)得(득)無(무)
染(염)著(착)音(음)得(득)一(일)切(체)衆(중)會(회)道(도)場(량)歡(환)
喜(희)音(음)得(득)隨(수)順(순)美(미)妙(묘)音(음)得(득)善(선)說(설)

一切佛法音得斷一切衆生
疑念皆令覺悟音得具足辯
才音得普覺悟一切衆生長
夜睡眠音
佛子菩薩摩訶薩復以諸
善根如是迴向所謂願一切
衆生得離衆過惡淸淨法身

일체불법음득단일체중생
의념개령각오음득구족변
재음득보각오일체중생장
야수면음
불자보살마하살부이제
선근여시회향소위원일체
중생득리중과악청정법신

願一切衆生得離衆過惡淨
원일체중생득리중과악정

妙功德
묘공덕

願一切衆生得離衆過惡
원일체중생득리중과악

清淨妙相願一切衆生得離
청정묘상원일체중생득리

衆過惡清淨業果願一切衆
중과악청정업과원일체중

生得離衆過惡清淨一切智
생득리중과악청정일체지

心願一切衆生得離衆過惡
심원일체중생득리중과악

無量清淨菩提心
무량청정보리심

願一切眾生得離眾過惡
원일체중생득리중과악

了知諸根清淨方便願一切
요지제근청정방편원일체

眾生得離眾過惡清淨信解
중생득리중과악청정신해

願一切眾生得離眾過惡清
원일체중생득리중과악청

淨勤修無礙行願願一切眾
정근수무애행원원일체중

生得離眾過惡清淨正念智
생득리중과악청정정념지

慧辯才

佛子菩薩摩訶薩復以諸
善根爲一切衆生如是迴向
願得種種淸淨妙身所謂光
明身離濁身無染身淸淨身
極淸淨身離塵身極離塵身
離垢身可愛樂身無障礙身

사경의 공덕은 십만억 부처님께 공양한 것과 같은 공덕이 있습니다.

於一切世界現諸業像於
어 일 체 세 계 현 제 업 상 어

一切世間現言說像於一切
일 체 세 간 현 언 설 상 어 일 체

宮殿現安立像如淨明鏡種
궁 전 현 안 립 상 여 정 명 경 종

種色像自然顯現示諸衆生
종 색 상 자 연 현 현 시 제 중 생

大菩提行
대 보 리 행

示諸衆生甚深妙法示諸
시 제 중 생 심 심 묘 법 시 제

衆生種種功德示諸衆生修
중 생 종 종 공 덕 시 제 중 생 수

行之道示諸衆生成就之行
示諸衆生菩薩行願示諸衆
生於一世界一切世界佛興
於世示諸衆生一切諸佛神
通變化
示諸衆生一切菩薩不可
思議解脫威力示諸衆生成

滿만 普보 賢현 菩보 薩살 行행 願원 一일 切체 智지 性성

菩보 薩살 摩마 訶하 薩살 以이 如여 是시 等등 微미 妙묘

淨정 身신 方방 便편 攝섭 取취 一일 切체 衆중 生생 悉실

令령 成성 就취 清청 淨정 功공 德덕 一일 切체 智지 身신

佛불 子자 菩보 薩살 摩마 訶하 薩살 復부 以이 法법

施시 所소 生생 善선 根근 如여 是시 迴회 向향 願원 身신

隨수 住주 一일 切체 世세 界계 修수 菩보 薩살 行행 衆중

生見者皆悉不虛發菩提心
생견자개실불허발보리심

永無退轉順眞實義不可傾
영무퇴전순진실의불가경

動
동

於一切世界盡未來劫住
어일체세계진미래겁주

菩薩道而無疲厭大悲均普
보살도이무피염대비균보

量同法界知衆生根應時說
량동법계지중생근응시설

法常不休息於善知識心常
법상불휴식어선지식심상

正念乃至不捨一刹那頃 (정념내지불사일찰나경)
一切諸佛常現在前心常 (일체제불상현재전심상)
正念未曾暫懈修諸善根無 (정념미증잠해수제선근무)
有虛僞置諸衆生於一切智 (유허위치제중생어일체지)
令不退轉具足一切佛法光 (령불퇴전구족일체불법광)
明持大法雲受大法雨修菩 (명지대법운수대법우수보)
薩行 (살행)

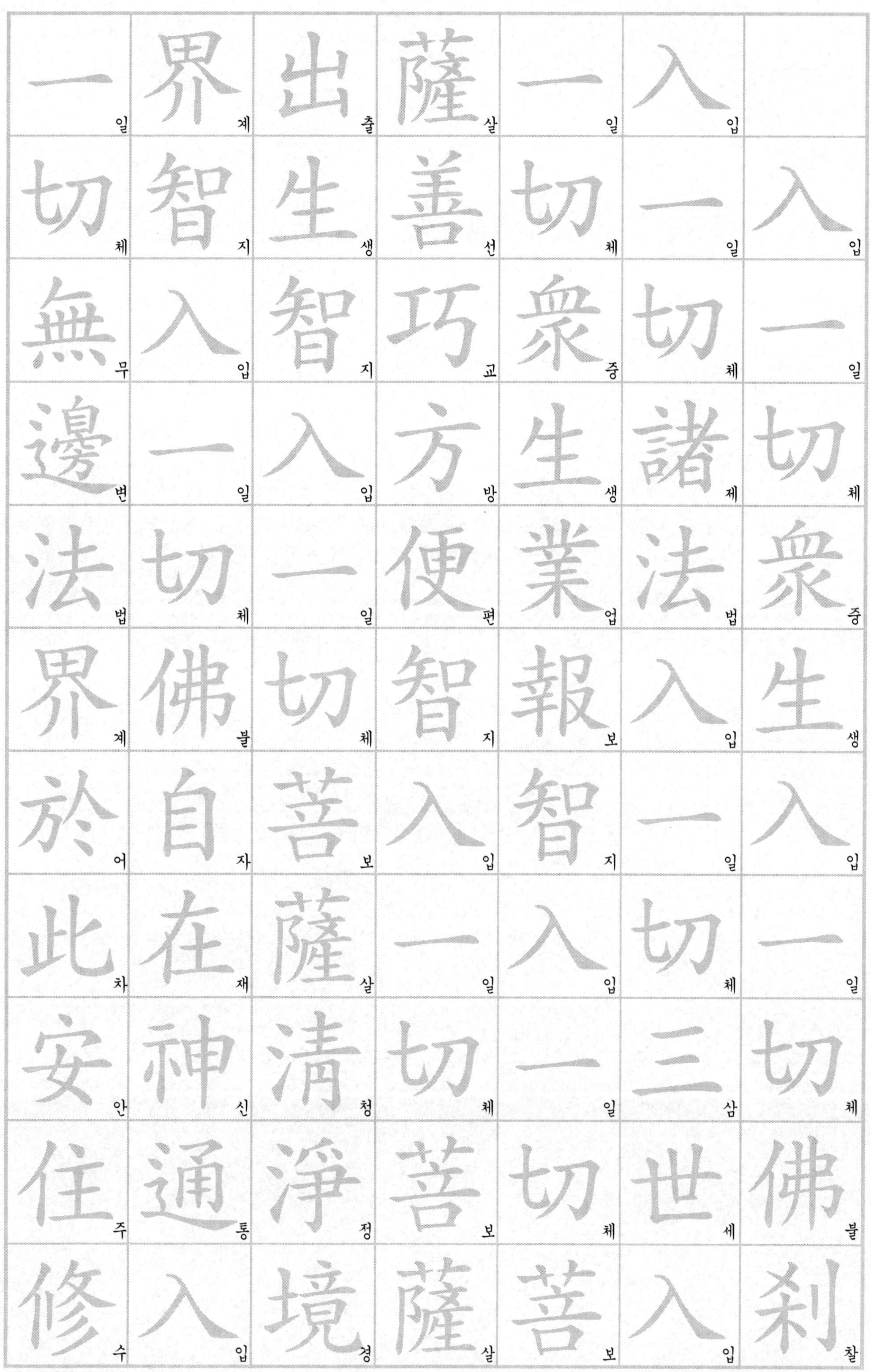

사경의 공덕은 십만억 부처님께 공양한 것과 같은 공덕이 있습니다.

菩 보
薩 살
行 행

發 願 文

귀의 삼보하옵고

거룩하신 부처님께 발원하옵나이다.

주　　소 : ____________________

전　　화 : ____________　불 명 : ____________　성 명 : ____________

불기 25 ________ 년 ________ 월 ________ 일